ADRESSE

AUX HABITANTS DE CHAMBÉRY

SOUSCRIPTION

POUR L'ÉRECTION D'UN TOMBEAU

A S. G. Mgr JOSEPH-ISIDORE GODELLE

ÉVÊQUE DE THERMOPYLES

Vicaire Apostolique de Pondichéry, aux Indes orientales

Décédé à Chambéry le 15 juillet 1867

Et enseveli au grand cimetière de cette ville.

Novembre 1867

...... Ipsum gentes deprecabuntur, et erit sepulcrum
ejus gloriosum (Isaïe, chap. 11, v. 10.)

CHAMBÉRY

TYPOGRAPHIE A. POUCHET ET COMP.

Place Saint-Léger, 29.

1867

ADRESSE AUX HABITANTS DE CHAMBÉRY

SOUSCRIPTION

POUR L'ÉRECTION D'UN TOMBEAU

à

S. G. Mᵍʳ JOSEPH-ISIDORE GODELLE

ÉVÊQUE DE THERMOPYLES

Vicaire apostolique de Pondichéry, aux Indes orientales.

Plusieurs villes et bourgades de la Savoie ont donné naissance à des saints ou à des bienheureux honorés dans l'Église d'un culte public; d'autres en ont eu pour premiers pasteurs ou pour habitants. Saint-Jean de Maurienne en a vu six occuper à diverses époques son siège épiscopal; Moûtiers en compte deux, également parmi ses évêques, saint Jacques Iᵉʳ et saint Pierre II; Annecy se glorifie à juste titre de saint François de Sales, l'apôtre du Chablais et l'un des plus beaux ornements de l'épiscopat. Cette dernière ville a été en outre la résidence ordinaire de sainte Jeanne-Françoise de Chantal, comme fondatrice et première supérieure de l'ordre de la Visitation; Thonon fut le berceau du bienheureux Amédée IX, duc de Savoie; Menthon, de saint Bernard, fondateur des religieux hospitaliers de son nom ; Chignin, de saint Anthelme, évêque de Belley ; Valloires en Maurienne, de sainte Thècle, vierge, à qui son pays est redevable des reliques de saint Jean-Baptiste, lesquelles donnèrent lieu à l'érection de la province en diocèse ; Hermillon, aussi en Maurienne, est la patrie de saint Benezet, si connu dans le midi de la France par la construction du pont d'Avignon (1). Jusqu'à présent Chambéry manque encore de ce genre d'illustration, sans contredit le premier de tous. Mais la divine Providence, qui destinait notre cité à devenir la métropole ecclésiastique de la Savoie, semble avoir voulu la dédommager de cette privation, en lui ménageant de loin en loin la visite de quelques-uns des héros de Jésus-Christ, en lui procurant quelquefois la grâce de leur séjour plus ou moins prolongé, et en la choisissant pour le lieu de sépulture de l'un d'entre eux.

Il y a des raisons de croire qu'au xive siècle le célèbre saint Vincent Ferrier, l'apôtre de son temps, exerça son ministère dans notre ville ; on y avait conservé comme relique son chapeau, lequel a fait partie du trésor de la chapelle du Château jusqu'à la Révolution française. Trois cents ans plus tard, saint François de Sales se rendit souvent à Chambéry ; il y prêcha une station de carème en présence du Sénat, et y institua, de concert avec le président Favre, la Confrérie de la Sainte-Croix qui subsiste encore aujourd'hui. Au dernier siècle, d'après des témoignages dignes de foi, Chambéry aurait été visité

(1) Voir, pour ce qui concerne les Saints et les Bienheureux de Maurienne, l'intéressante *Histoire hagiologique du diocèse de Maurienne*, par l'abbé Truchet, curé de St-Jean d'Arves, imprimée à Chambéry en 1867.

par le bienheureux Benoît Labre, récemment béatifié. Son éminente sainteté y fut même reconnue, et, quoiqu'il parût ici comme ailleurs sous l'extérieur d'un mendiant, on l'invita un jour à se rendre au parloir du couvent de la Visitation, dont les bâtiments font maintenant partie du Lycée, et il y fut reçu avec une singulière vénération par toute la communauté réunie.

Deux autres Saints ont encore honoré de leur présence le territoire de Chambéry, et ce sont ceux dont le culte est devenu plus populaire parmi nous, sans doute parce qu'ils ont donné aux habitants des marques plus spéciales et plus nombreuses de leur protection. Ces Saints tutélaires de notre localité ont cela de commun que tous deux étaient évêques, tous deux appartenaient à des contrées lointaines et tous deux s'arrêtèrent ici en venant de la capitale du monde chrétien.

Le plus ancien des deux, saint Saturnin, remonte au IIIe siècle de notre ère; il vint de Rome prêcher la foi dans les Gaules, où il était envoyé par le Pape saint Fabien; il fixa son siège à Toulouse et y versa son sang pour le nom de Jésus-Christ. La tradition porte qu'en traversant les Alpes, il s'arrêta dans une gorge de notre voisinage, qui porte son nom, et qu'il s'y prépara par la retraite à l'exercice de son apostolat. Ce lieu sauvage, sanctifié par ses veilles et ses prières, est demeuré voué à sa mémoire; une chapelle y a été bâtie et rebâtie plusieurs fois sous son vocable, et reçoit à diverses époques de l'année la visite d'une multitude de pèlerins de Chambéry et des environs, principalement au 29 novembre, jour de sa fête. Beaucoup de guérisons de diverses sortes ont été obtenues par son intercession et par l'usage de l'eau de la fontaine qui jaillit dans sa chapelle; c'est à quoi il faut attribuer le concours persévérant qui se fait en cet endroit (1).

L'autre saint protecteur de Chambéry, le bienheureux Cornélius Concord, date du xii° siècle ; il était Archevêque d'Armagh et Primat d'Irlande. S'étant rendu à Rome pour les affaires de son diocèse, il séjourna, à son retour, à Lémenc, où il mourut au bout de peu de temps en odeur de sainteté. L'église de cette paroisse, qui appartenait alors à une communauté religieuse d'hommes, demeura en possession de ses restes ; ils furent aussitôt l'objet de la vénération des peuples, et le Saint ne tarda pas à justifier la confiance qu'ils mettaient en lui, en manifestant par des prodiges son crédit auprès de Dieu. Plus tard, son culte fut autorisé par le Saint-Siége. En 1854, ses reliques furent envoyées à Rome pour y être reconnues et enchâssées à neuf ; la commission romaine, en examinant la tête, remarqua que le cerveau, qui se consume promptement chez tous les cadavres, s'était durci et parfaitement conservé dans celui-là ; c'est pourquoi cette partie miraculeuse du corps saint nous est revenue enchâssée à part. Dès lors, l'avant-dernier successeur de saint Concord sur le siége d'Armagh, Mgr Joseph Dixon, décédé en 1866, ayant fait deux fois le voyage de Rome,

(1) Le révérend curé de Verel-Pragondran, de la juridiction de qui dépend maintenant cette chapelle, y célèbre la sainte messe : 1° le lundi de Pâques ; 2° le lundi de Pentecôte ; 3° le 24 août, fête de saint Barthélemi ; 4° le samedi et le dimanche qui suivent cette fête ; 5° les 7, 8 et 9 septembre ; 6° le 29 novembre, fête de saint Saturnin, et le dimanche suivant. Il y a indulgence plénière accordée par le Saint-Siége pour ceux qui, étant confessés et communiés, visitent cette chapelle ces jours-là et y prient selon les intentions du Souverain-Pontife.

Le trajet à faire pour se rendre de Chambéry à la Chapelle de Saint-Saturnin est de trois quarts d'heure de marche environ.

a effectué chaque fois son retour par Chambéry, afin d'y
vénérer le tombeau du Bienheureux, dont il a obtenu et
emporté à son église primatiale un des principaux ossements (1).

Si l'on a rappelé ces faits avec quelque détail, c'est
afin de fixer de plus en plus l'attention sur une mort
récente, dont le public de Chambéry s'est déjà vivement
préoccupé. Chacun sait que, dans la nuit du 14 au 15
juillet dernier, un évêque des Indes, revenant aussi de
Rome, terminait sa carrière dans nos murs. Les marques de vénération qui lui ont été données ont témoigné
hautement de la sensation religieuse produite par cet
événement. On a paru comprendre qu'il s'agissait ici
d'une mort marquée à des signes providentiels; plusieurs ont été frappés des traits de ressemblance qu'elle
offrait avec celle de saint Concord; ils ont cru y voir
une nouvelle faveur du ciel envers notre cité et ont pris
un vif intérêt à ce pontife venant d'Asie, repartant pour
l'Asie, et que Dieu semblait avoir arrêté au milieu de sa
course, afin de nous rendre les dépositaires de ses restes,
comme autrefois nos ancêtres de ceux du saint pontife
Irlandais. On a voulu connaître l'histoire de l'hôte illustre que la mort nous a donné, et une circonstance for-
tuite a permis d'en puiser aussitôt les principaux traits

(1) Les reliques de saint Concord sont exposées à la vénération publique dans une chapelle de l'église de Lémenc. Sa fête se
célèbre dans cette paroisse le 4 juin, jour de sa mort, arrivée en
1176. Si ce jour n'est pas un dimanche, on la renvoie au dimanche suivant. Elle commence par une procession qui part de
l'église à cinq heures du matin pour se rendre à la Croix de
Saint-Concord, située sur les hauteurs qui dominent le hameau
de la Croix-Rouge, à trois ou quatre kilomètres de l'église de
Lémenc. Saint Concord est principalement invoqué pour obtenir
la pluie dans les temps de sécheresse.

à une source certaine. Un des directeurs de la Congrégation des Missions-Étrangères à laquelle appartenait le défunt, M. l'abbé Maury, averti par le télégraphe de la gravité de sa maladie, était accouru ici pour l'assister. Il pouvait donner des informations d'autant plus précises sur sa vie qu'il avait partagé pendant quelques années ses travaux apostoliques dans les Indes. C'est de ce respectable prêtre qu'on a obtenu la plupart des édifiants détails qui suivent.

Mgr Joseph-Isidore Godelle était né le 7 mars 1806 à Hannapes, département des Ardennes. Il se destina de bonne heure à l'état ecclésiastique. Après avoir achevé son cours de théologie, il reçut les ordres sacrés et remplit successivement les fonctions de vicaire et de curé dans deux paroisses du diocèse de Reims, à Remancour et à Librécies. La charité avec laquelle il s'acquitta de son ministère lui gagna bientôt l'affection des habitants ; elle se manifesta par les regrets les plus touchants, lorsque le jeune prêtre leur déclara son intention de partir pour les missions lointaines.

L'abbé Godelle ne semblait nullement fait pour une carrière aussi ardue. Sa santé était des plus faibles et son tempérament des plus délicats. Deux fois il se présenta à son Archevêque pour en obtenir la permission d'embrasser le genre de vie qu'il avait en vue. Deux fois le prélat, convaincu de l'impuissance physique du postulant, refusa d'acquiescer à sa demande. L'abbé Godelle ne se rebuta point ; il portait dans son corps débile un cœur vaillant, et la perspective des sacrifices, au lieu de l'intimider, ne faisait qu'enflammer son ardeur. Il continua d'aspirer aux rudes travaux de l'apostolat. Mettant sa confiance en la Sainte-Vierge, il l'appela instamment à son secours. Ses prières furent exaucées ; il s'opéra en lui un changement assez avantageux pour qu'il pût espérer de surmonter les objections qui lui avaient été faites. Il se présente une troisième fois à son premier pasteur ; celui-ci, étonné de le trouver si différent de lui-même et vaincu d'ailleurs par ses instances, lui accorde enfin le consentement si désiré.

L'abbé Godelle, s'arrachant aussitôt à ses affections et faisant une sainte violence à ses parents, à ses amis, à ses paroissiens, qui tous s'efforçaient de le retenir, sollicite et obtient son admission au séminaire des Missions-Étrangères. Au bout d'une année de séjour dans cette maison, il fut jugé apte à remplir les graves fonctions de missionnaire. Destiné au vicariat apostolique de Pondichéry, dans les Indes orientales, il partit pour cette contrée en janvier 1840, et y fut reçu par Mgr Bonnand, un des prélats les plus distingués que possédassent alors les missions. Bientôt on lui confia l'administration spirituelle d'un district. On appelle ainsi une circonscription territoriale comprenant quelques milliers de chrétiens disséminés parmi la population païenne sur une étendue de plusieurs journées de marche.

Qu'on se figure le jeune et frêle missionnaire livré seul à de si grands travaux et obligé de lutter à la fois avec un climat brûlant, avec les difficultés d'une langue inconnue, avec des mœurs et des habitudes totalement étrangères aux siennes, réduit à vivre désormais de la chétive nourriture de ses nouvelles ouailles, à n'avoir souvent pour demeure que les chaumières indiennes et pour lit que la natte ou la terre nue. Le zèle de l'abbé Godelle lui donna néanmoins la force d'endurer plusieurs années de suite cette vie de fatigues et de privations. Il parcourut en tous sens sa vaste chrétienté, visitant assidûment les fidèles et prêchant l'Evangile aux idolâtres, dont il eut la consolation de convertir un grand nombre. Aussi plein de mansuétude envers ses incultes néophytes des Indes qu'il l'avait été envers ses paroissiens de France, il se fit aimer et bénir des uns comme des autres.

Un ouvrier évangélique aussi accompli était bien propre à en former d'autres. Ainsi en jugea Mgr Bonnand. Après plusieurs années de mission, l'abbé Godelle fut nommé supérieur du Grand-Séminaire des indigènes; c'était un des postes les plus importants du vicariat. Il ne tarda pas à se montrer à la hauteur de cette tâche difficile et justifia pleinement le choix qu'on avait fait de lui. Après avoir formé de bons chrétiens, il sut former de bons prêtres, et commença de la sorte à travailler au bien général de la Mission. Mgr Bonnand, appréciant de plus en plus son rare mérite, le demanda pour coadjuteur. En 1857, le Saint-Siége, agréant cette proposition, nomma l'abbé Godelle évêque de Thermopyles *in partibus* et le chargea en même temps du vicariat apostolique du Coïmbatour. En 1859, le vicaire apostolique de Pondichéry ayant reçu de Rome la haute commission de Visiteur général des Indes, dut laisser sa vaste administration entre les mains de Mgr Godelle qui, deux ans plus tard, par suite du décès de Mgr Bonnand, devint son successeur titulaire et demeura ainsi chargé de deux vicariats à la fois. En 1864, on le déchargea de celui du Coïmbatour, confié à cette époque à Mgr Dépommier, natif de la Savoie, neveu et ancien vicaire du vénérable prêtre de ce nom qui fut pendant quarante ans curé à Chambéry, d'abord dans la paroisse de Notre-Dame, puis dans celle de la Métropole. Ce fut alors que Mgr Godelle contracta en quelque sorte un premier lien avec notre ville, en conférant de sa main l'onction épiscopale à notre ancien vicaire et vénéré compatriote.

Les fatigues et les sollicitudes dans lesquelles s'était écoulée la vie du prélat avaient de plus en plus altéré sa santé et ses forces. Afin de l'aider à les rétablir, on lui proposa plusieurs fois de se rendre en France et de s'y reposer quelque temps au sein de sa famille. Le généreux missionnaire refusa constamment d'accepter ces offres, et, à la persistance de ses refus, il fut aisé de comprendre qu'aucun motif humain ne pourrait le déterminer à se séparer de sa mission.

Cependant, le moment vint ou il dut entreprendre un voyage en Europe; ce voyage lui fut imposé par l'obéissance. Le Saint-Siége avait demandé que l'épiscopat des Indes fût représenté comme tous les autres à la fête du Centenaire de Saint-Pierre et de Saint-Paul. Les vicaires apostoliques choisirent deux d'entre eux pour obtempérer au nom de tous à l'invitation du Pape. Ce furent Mgr Godelle et Mgr Charbonnaux, vicaire apostolique du Maïssour. Ces deux évêques partirent en simples missionnaires, sans autre compagnie que leur compagnie réciproque, se faisant l'aumônier et le serviteur l'un de l'autre. Tous deux Français, et ayant quitté leur pays natal depuis longues années, semblaient devoir passer par la France pour se rendre en Italie, afin de revoir plus tôt leurs parents et leurs amis. Ils préférèrent aller droit à leur but, et suivre, pour y arriver, la voie la plus courte. Dans leur empressement de répondre avant tout à l'appel du Chef de l'Eglise et de vénérer les tombeaux des Apôtres, ils se firent débarquer en Sicile et gagnèrent de là la ville de Rome, où on les vit prendre part, avec leurs nombreux collègues de la catholicité, à toutes les cérémonies religieuses et à toutes les assemblées épiscopales ordonnées par le Souverain-Pontife. Tous deux furent reçus en audience privée par Pie IX, qui leur fit un accueil distingué. Le Saint-Père, appréciant les qualités éminemment apostoliques du pasteur de Pondichéry et les fruits abondants de sa charité et de son zèle, témoigna vivement au saint prélat sa satisfaction de le voir et lui donna des marques particulières de sa bienveillance. Malgré l'extrême pauvreté de ses ouailles, Mgr Godelle eut la consolation de lui offrir une somme de douze mille francs recueillie dans son vicariat pour le denier de Saint-Pierre.

La haute approbation du Chef de l'Eglise dut être bien douce au cœur du saint évêque missionnaire. Sans qu'il s'en doutât, elle était à son égard le prélude de l'éternelle récompense. Bientôt Jésus-Christ lui-même allait ratifier pour toujours le jugement de son vicaire et adresser au zélé pontife ces consolantes paroles : *Courage, bon et fidèle serviteur, parce que vous avez été fidèle dans les petites choses, je vous établirai sur de beaucoup plus grandes ; entrez dans la joie de votre Seigneur.* (Ev. de saint Math., chap. XXV, vers. 21). Mgr Godelle, en quittant Rome, croyait aller se reposer quelques jours dans sa patrie d'ici-bas, et en réalité il partait pour la céleste patrie, et c'était le repos éternel qui lui était destiné.

Le retour des deux vicaires apostoliques se serait effectué aussi modestement que leur départ, c'est-à-dire sans cortége d'aucune sorte, si un missionnaire de la Chine, M. l'abbé Perny, pro-vicaire apostolique, s'intéressant, sans les connaître, à ces deux prélats dénués d'assistants, n'avait sollicité l'honneur de voyager en leur compagnie. Cette offre délicate fut acceptée avec empressement, et les trois voyageurs, heureux de leur société si bien assortie, quittèrent ensemble la capitale du monde chrétien.

Ils se dirigèrent cette fois vers la France, afin de s'arrêter au séminaire des Missions-Étrangères, où ils avaient été initiés à la vie apostolique et où ils désiraient conférer avec les supérieurs de leur Congrégation des affaires qui leur étaient confiées. Mais à peine avaient-ils fait une journée de chemin que Mgr Godelle se sentit gravement indisposé. A Florence, une inflammation sérieuse se déclara. Le malade, habitué à ne tenir aucun compte de sa santé, voulut poursuivre sa route : à Turin, il se trouva plus mal ; à Suse son état s'était encore aggravé, et le passage des Alpes semblait devoir être pour lui une difficulté insurmontable. De plus, à raison de la multitude des voyageurs revenant de Rome, on lui demandait deux cents francs d'une voiture pour la traversée du mont Cenis, et il ne lui restait que deux cent trente-six francs, soit le strict nécessaire pour se rendre à Paris. Mais il sentait sa fin approcher, il n'était plus qu'à quelques lieues de la France, et Français de cœur non moins que d'origine, il désirait mourir sur le sol français. Il dépensa pour cela ses dernières forces et ses dernières ressources. A son arrivée à Chambéry, dans la nuit du 11 juillet, il n'avait plus qu'un souffle de vie. On le conduisit à l'hôtel le plus voisin de la gare. Le lendemain matin, nonobstant les instances qui lui furent faites de la part de S. Em. le Cardinal pour qu'il acceptât l'hospitalité à l'archevêché, il demanda à être transporté à l'Hôtel-Dieu. Vraisemblablement ce choix fut de sa part un acte non pas seulement de délicatesse et de discrétion, mais aussi de la pauvreté volontaire qu'il avait embrassée soit comme missionnaire, soit comme disciple de saint François d'Assise. On a eu, en effet, à se convaincre qu'il appartenait au Tiers-Ordre du Patriarche-Séraphique, lorsqu'en le dépouillant de ses vêtements pour l'ensevelir, on l'a trouvé revêtu sur sa chair de l'habit et de la corde des Tierçaires. Il reçut, du reste, dans notre hospice tous les soins que réclamait son état. M. l'abbé Perny demeura auprès de lui pour l'assister, de concert avec l'aumônier de la maison. S. Em. le cardinal-archevêque et plusieurs ecclésiastiques s'empressèrent de le visiter. Mais la mort devait triompher promptement d'une vie presque éteinte. Trois jours suffirent pour réduire le vénérable malade à l'extrémité, et le dimanche 14 juillet le Chapitre métropolitain se transportait à l'hospice pour lui administrer les derniers sacrements; la nuit suivante il expira.

Bientôt le bruit s'en répandit dans la ville, et la population se porta en foule durant toute la journée suivante dans la chambre mortuaire pour y contempler le défunt exposé sur un lit de parade, revêtu de ses ornements pontificaux. L'impression produite sur les visiteurs fut telle que la plupart se sentaient portés à invoquer le saint homme plutôt qu'à prier pour lui. Tous voulaient faire toucher à sa dépouille quelque objet de piété, et ceux qui en étaient dépourvus y suppléaient par autre chose. Le lendemain eut lieu la sépulture. Elle attira un si grand concours, qu'à part les chants funèbres elle sembla comme une marche triomphale. La cérémonie, présidée par le Chapitre, fut honorée de la présence des premiers fonctionnaires du département, des administrateurs de l'hospice et de tous les corps religieux de la cité.

Le jour même du décès on avait demandé par le télégraphe l'autorisation ministérielle d'ensevelir le défunt dans le caveau de l'église métropolitaine destiné aux évêques. Cette formalité était indispensable, parce qu'il s'agissait d'un prélat étranger à la France par sa position. Le temps requis pour l'ensevelissement s'étant écoulé sans que la réponse fût parvenue, on crut devoir obtempérer à la loi et faire l'inhumation dans le cimetière commun. Cette nécessité, regrettable sous un rapport, tourna néanmoins à l'honneur du défunt, en permettant au majestueux cortége qui s'était formé pour le suivre de se dérouler deux fois à travers nos rues et nos places publiques sur le long parcours qui sépare la Métropole de notre champ mortuaire. C'était d'ailleurs la première fois que celui-ci recevait une aussi illustre dépouille. Depuis quelques années déjà on y inhumait, contrairement à nos anciens usages, les membres du clergé et des ordres religieux ; mais jamais sépulture d'évêque n'y avait été faite, et on ne supposait pas que le cas dût se présenter à l'avenir. Cette pompe funèbre en un tel lieu était donc une nouveauté pour notre public, ce qui la rendait encore plus émouvante et lui donnait un suprême degré d'intérêt. La divine Providence qui dispose tous les événements jusques dans leurs moindres détails, en nous faisant don des restes mortels d'un apôtre, nous l'avait fait de manière à nous rendre cet apôtre particulièrement cher, et à graver plus profondément son souvenir dans nos cœurs. Elle l'avait appelé de trois mille lieues loin pour achever sa carrière parmi nous; elle l'avait confondu dans sa dernière maladie parmi nos malades, et elle le confondait encore dans sa mort parmi nos morts.

Au point de vue ordinaire, cet ensemble de circonstances paraissait déroger à la dignité épiscopale ; cependant, en l'envisageant de plus haut, on y découvrait un genre de grandeur supérieur à tout autre ; il y avait là en effet quelque chose de la grandeur des saints ; tout y respirait l'humilité, la pauvreté et l'abnégation : le long et pénible voyage du pontife, sa maladie dans un hôpital, sa mort sur le seuil de sa patrie, en pays inconnu, loin de ses proches et de ses amis qu'il était au moment de revoir après vingt-sept ans d'absence, sa sépulture enfin, à lui prince de l'Eglise, parmi le commun des fidèles, dans un cimetière public.

C'est ainsi que les saints aiment à mourir à l'imitation de leur Maître qui, après avoir traversé les humiliations et les afflictions de la vie, ne fut jamais autant humilié et affligé qu'à sa mort. Le vénérable missionnaire n'avait pas, il est vrai, disposé lui-même les circonstances de la sienne ; mais Notre-Seigneur, pour l'amour de qui il avait embrassé une carrière toute de renoncement, les avait disposées pour lui, et en récompense de la fidélité de son serviteur à suivre ses traces dès sa jeunesse, l'avait jugé digne de les suivre jusqu'à la fin. Qui, d'ailleurs, pourrait douter que dans les élans de son âme, dans ses communications intimes avec Dieu, il n'eût souvent demandé des faveurs de ce genre, qu'il n'eût ambitionné de plus grandes peines encore, à l'exemple de saint François Xavier, le modèle des missionnaires, qui, au sein des plus dures épreuves, s'écriait : « Encore plus, Seigneur, encore plus ! » et qui, après avoir cueilli dans vingt-deux royaumes idolâtres les plus riches palmes de l'a postolat, dut mourir au bord d'une île déserte, en vue de ce vaste empire chinois qu'il était sur le point d'aborder et qu'il brûlait d'ajouter à ses conquêtes des Indes et du Japon? Le saint évêque dont nous parlons n'avait-il pas accepté d'avance tous les sacrifices en entrant de son plein gré, et même à force d'instances, dans cette société des Missions-Etrangères, dont chaque membre aspire à verser son sang pour la foi, à la suite d'un si grand nombre de leurs prédécesseurs, et dont deux évêques et sept prêtres répandaient tout récemment le leur sur les plages de la Corée? La résignation admirable avec laquelle il vit s'approcher sa dernière heure, a montré, du reste, à ceux qui l'entouraient en ce moment, qu'il accepta de grand cœur cette suprême affliction telle qu'elle lui était préparée, comme il avait accepté toutes les autres.

De tels faits parlent trop haut en faveur du défunt, pour qu'on ne sente pas la convenance d'honorer ses cendres avec distinction. Tout annonce qu'en nous les confiant, Dieu nous a confié un trésor. Mgr Godelle peut être considéré sous trois titres principaux, qui constituent pour lui autant de degrés successifs d'élévation, et pour nous autant de motifs de vénérer sa mémoire.

En premier lieu il était Évêque, et ainsi un de nos *Pères* selon la foi. C'est ainsi que l'Eglise désigne les évêques par relation aux fidèles, et le Pape, chef suprême de l'Eglise, qui appelle les fidèles ses *Enfants*, nomme les évêques ses *Frères*, parce qu'ils sont *établis du Saint-Esprit pour régir*, en union avec lui, *l'Eglise de Dieu* : *Spiritus sanctus posuit episcopos regere Ecclesiam Dei.* (Act. des Ap., chap. XX, v. 28). Lorsque nous perdons les auteurs de nos jours, nous nous faisons un devoir de décorer leurs tombes, et quand nos ressources nous le permettent, nous perpétuons leur souvenir par des monuments funèbres. Ce culte des morts, qui a été observé chez tous les peuples civilisés anciens et modernes, parce qu'il découle de la croyance générale au dogme de l'immortalité des âmes et de la résurrection des corps, est particulièrement en honneur dans notre ville : témoin notre grand cimetière. Grâce aux soins de notre administration municipale et à la piété de nos familles envers leurs défunts, il est digne, à tous égards, de sa religieuse destination. Sa disposition bien ordonnée, sa majestueuse croix centrale, sa chapelle d'architecture distinguée et surmontée de l'Ange du Jugement, ses places réservées garnies de tombeaux somptueux, ses places communes plantées de croix et ornées d'emblèmes, tout y respire au plus haut point la décence qui convient à un lieu funéraire chrétien ; tout y montre, en même temps, que les sentiments de la nature sont profondément gravés dans le cœur des habitants. Aujourd'hui, une occasion se présente d'affirmer de la même manière les sentiments de notre foi, de rendre un hommage semblable de piété filiale, non plus à un père selon la nature, mais à un père selon la foi. Dieu, dans le dessein peut-être de récompenser publiquement notre respect public pour les morts, a réservé à notre cimetière une haute illustration : il a voulu qu'il reçût la dépouille d'un prince de l'Eglise. Mais, en même temps, il semble nous avoir appelés à acquitter cet honneur et à nous en montrer dignes. L'évêque qui est décédé parmi nous était pauvre, comme tous les évêques missionnaires. Durant sa vie, il était entretenu aux frais de la Propagation de la Foi. Aussi, lorsqu'il est arrivé malade dans notre ville, son hôtel de choix a été l'Hôtel-Dieu. Aussi, à sa mort, notre Cardinal-archevêque et son vénérable Chapitre ont dû se charger des frais de ses obsèques. S'ils les ont faites pompeuses et solennelles, c'est qu'ils ont pensé que, pour être pauvre, il n'en était pas moins un évêque, et un évêque d'autant plus digne de respect que, par sa pauvreté contractée volontairement pour l'amour de Jésus-Christ, il n'en était que plus semblable aux Apôtres, véritables modèles des évêques. Notre haut clergé nous a donné en cela un noble exemple. Il nous reste à l'imiter et à le suivre en rendant à l'illustre défunt un dernier devoir : celui d'un tombeau conforme à son rang.

Mgr Godelle n'était pas seulement un évêque, c'était un évêque missionnaire, c'est à-dire un héros chrétien. Car celui qui embrasse volontairement les missions étrangères, non-seulement pratique à la lettre les conseils de Jésus-Christ en quittant tout pour le suivre, mais, de plus, il se dévoue, pour l'amour de lui, à la vie héroïque de l'apostolat et aux périls dont elle est pleine, périls qui, au témoignage des *Annales de la Propagation de la Foi*, sont encore aujourd'hui ce qu'ils étaient au temps de saint Paul (2° Ep. aux Cor., chap. XI, vv. 26, 27), périls des voyages lointains, périls des mers et des fleuves, périls des rigueurs et de l'insalubrité des climats, périls de la faim et de la soif, des privations de tout genre et du dénuement de toutes choses, périls des villes et des déserts, périls du côté des fidèles et du côté des infidèles, périls de la part des faux-frères et de la part des ennemis déclarés du nom chrétien, périls des dévastations et du pillage, périls enfin de la captivité, des tortures et du dernier supplice.

Le missionnaire est, par état, la copie vivante des

apôtres, le propagateur le plus dévoué et le plus intré-
pide de la foi de Jésus-Christ. Il n'y a pas de régions,
tant reculées et barbares qu'on les suppose, où il ne soit
prêt à porter la lumière de l'Evangile sur l'invitation du
Chef de l'Eglise. Le voyageur le rencontre dans tous
les climats, même sous la zone glaciale et sous
la zone torride. Si, à notre époque, les autéls du Dieu
vivant s'élèvent tout autour de la terre, si l'immolation
de la Divine victime est devenue incessante, si le soleil
eucharistique de la grâce se lève successivement à toutes
les heures aussi bien que le soleil de la nature, c'est à
l'œuvre des missions que le monde en est redevable.
Qu'il en a coûté de travaux, de sueurs et de sang aux
missionnaires de tous les siècles, pour parvenir à ce
résultat (1)!

La vie de l'homme ici-bas est un combat perpétuel, dit
l'Ecriture (Job, chap. VII, v. 1). Tous, tant que nous
sommes, nous avons à faire spirituellement le métier
de soldats, nous avons à combattre nos passions, le
monde et le démon. Mais le missionnaire ne se contente
pas de cette lutte intérieure commune à tous les chré-

(1) On sait que par l'effet du mouvement de rotation de notre
globe, le soleil éclaire successivement tous les points de la terre
pendant la durée de la révolution diurne. Or, quoique le
nombre des catholiques n'atteigne encore qu'un sixième environ
de la population totale du monde, il est néanmoins avéré que
par suite de leur dispersion parmi la plupart des peuples,
il y a maintenant des prêtres catholiques à toutes les longitudes,
en telle sorte que le saint sacrifice de la messe se célèbre
chaque jour sans discontinuation durant les 24 heures qui s'é-
coulent d'une aube à l'autre. On peut donc y assister en esprit
à toute heure du jour et de la nuit; car à toute heure les prêtres
sont à l'autel dans une contrée ou dans une autre, et N. S.
J.-C. recommence sans cesse à s'y immoler à son Père pour
le salut des hommes.

tiens. Afin de conquérir les nations à Jésus-Christ, il s'en va porter les armes du zèle et de la charité par-delà les mers, jusque dans le camp du prince des ténèbres. Il s'avance, la croix à la main, parmi les peuples plongés dans l'idolatrie ; il y plante son drapeau et s'efforce, à travers mille dangers, de l'y maintenir. Vrai zouave du Christ, à lui sont réservés les postes avancés, les périlleuses tentatives, les hardies expéditions. Souvent il arrose de son sang le champ de bataille ; mais son sang même, en faisant couler la grâce à grands flots, lui procure des conquêtes et devient une semence de chrétiens. Puis, d'autres héros lui succèdent et prennent sa place, et c'est ainsi que peu à peu le monde est soumis à Jésus-Christ.

Or, on a vu avec quelle ardeur le missionnaire dont nous parlons soupirait après cette carrière de sacrifices, que d'efforts il a faits pour être admis à l'embrasser, et comme ses succès ont pleinement justifié ses aspirations ! A peine avait-il passé quelques années dans le sacerdoce que, brûlant du feu sacré qui fait les conquérants de Jésus-Christ, il surmontait tous les obstacles qui s'opposaient à sa vocation. Bientôt il était jugé digne de la remplir ; puis il la remplissait avec une telle perfection, qu'il était appelé, au bout de quelques années, à devenir l'officier instructeur de ses compagnons d'armes ; puis, son chef, remarquant en lui la sagesse du capitaine jointe à la bravoure du soldat, demandait à partager avec lui le commandement général ; puis, enfin, il en demeurait seul dépositaire, et s'en acquittait si honorablement, qu'il en recevait des louanges de la bouche même du Chef de l'Eglise, du représentant de celui pour qui il avait combattu.

Mgr Godelle, à la vérité, n'avait pas été destiné à une mission orageuse ; mais cela n'avait pas dépendu de lui. En soldats pleins de discipline aussi bien que d'intrépidité, les missionnaires ne choisissent point leurs postes ; ils acceptent ceux qu'on leur assigne. Tous, parmi eux, voudraient courir les plus grands hasards de la guerre sainte ; mais ils savent que le service du divin Maître exige de leur part une abnégation absolue, et qu'il faut tout immoler à sa gloire, même la gloire du martyre. Mgr Godelle, ardent comme il l'était, avait sans doute, comme tant d'autres de ses collègues, convoité pour sa part les champs ensanglantés de la Corée, du Tong-King et de la Cochinchine ; plus d'une fois il avait envié le sort de ceux de sa société qui y firent une fin glorieuse autant que tragique. Mais, pour s'être accompli sur un théâtre moins retentissant, ses travaux n'en furent ni moins rudes ni moins méritoires. On a appris que, durant sa dernière année de Vicariat, le nombre des idolâtres convertis dans sa circonscription s'éleva à 1,400. Ceux qui savent de quelles difficultés sont ordinairement hérissées les conversions de ce genre, comprendront, à ce seul trait, combien dut être laborieux le ministère de notre évêque missionnaire (1).

(1) Les *Annales de la Propagation de la Foi* et celles de la *Sainte-Enfance*, en annonçant la mort du prélat, ont donné un aperçu de ses travaux ; en voici le texte :

(Extrait des *Annales de la Propagation de la Foi.* Septembre 1867, pag. 419).

« Hindoustan. *Pondichéry.* — Mgr Isidore Godelle, évêque de Thermopyles, vicaire apostolique de Pondichéry, membre de la Congrégation des Missions-Etrangères, est décédé à Chambéry le lundi 15 juillet 1867. Le vénérable évêque revenait de Rome, où il avait assisté aux fêtes du Centenaire, et se rendait à Paris, lorsque la mort est venue le frapper.

Disons, en troisième lieu, que Mgr Godelle ne fut pas seulement un évêque et un évêque missionnaire, mais

« Parti du séminaire des Missions-Etrangères au mois de janvier 1840, il fut nommé, en 1857, coadjuteur de Mgr Bonnand, et chargé spécialement de l'administration du Coïmbatour. La mort de Mgr Bonnand, arrivée le 21 mars 1861, rappela à Pondichéry Mgr Godelle en qualité de vicaire apostolique. Il conserva le titre et les fonctions d'administrateur du Coïmbatour jusqu'à l'époque où ce dernier vicariat fut pourvu d'un titulaire en la personne de Mgr Dépommier (1864).

« Le vicariat de Pondichéry doit à Mgr Godelle la fondation de l'œuvre des Missions et Retraites, le premier établissement des Frères de la doctrine chrétienne, et la création d'un grand nombre de catéchuménats. La mission de Pondichéry compte aujourd'hui 51 missionnaires, 19 prêtres indigènes et 107,000 chrétiens.

« Mgr Godelle était originaire du diocèse de Reims. »
(Extrait des *Annales de l'Œuvre de la Sainte-Enfance*. Octobre 1867, pag. 358).

NÉCROLOGE.

Nous recommandons aux prières des associés :

Mgr *Godelle (Joseph-Isidore)* évêque de Thermopyles, vicaire apostolique de *Pondichéry* (Inde). Ce vénérable prélat, né à *Hannapes* (Ardennes), fut appelé a l'apostolat d'une manière toute providentielle et partit pour la Mission de l'Inde en 1840. Chargé depuis quelques années du vicariat de *Pondichéry*, il sut donner à l'Œuvre de la Sainte-Enfance, dans cette vaste Mission, une impulsion nouvelle, en développant les établissements de Religieuses indigènes, qui recueillent et élèvent les enfants abandonnés ou rachetés, en réorganisant les orphelinats, en stimulant partout le baptème des enfants païens en danger de mort, et en donnant enfin une plus grande extension aux écoles mixtes fondées avec les secours de la Sainte-Enfance par son vénérable prédécesseur, Mgr Bonnand. Ces écoles, fréquentées par les enfants chrétiens et infidèles, sèment dans le cœur de ces derniers des principes de foi qui porteront un jour leurs fruits.

Mgr Godelle, à son retour de Rome, où il avait assisté aux magnifiques fêtes du Centenaire, venait en France faire part aux Conseils de la Propagation de la Foi et de la Sainte-Enfance de l'état de la religion dans son Vicariat, de ses besoins et de ses succès, lorsque la mort est venue l'arrêter, à *Chambéry*, le 15 juillet dernier, dans sa 62ᵉ année.

que, de plus, ce fut un saint. C'est le témoignage qu'a rendu de lui, dans notre ville, en présence de la communauté du Grand-Séminaire, son digne collègue d'épiscopat aux Indes, Mgr Charbonnaux; il pouvait en parler sciemment après avoir été de longues années le témoin de son apostolat et, en outre, son compagnon de voyage à Rome. Ce troisième titre lui serait acquis, au surplus, par tout ce qu'on vient de rapporter. La vocation du vénérable défunt, manifestée d'une manière si énergique et justifiée d'une manière si complète, en serait à elle seule une preuve. Des désirs aussi purs, aussi ardents, aussi généreux qu'étaient les siens, ne naissent pas dans les âmes communes; ils sont le propre des grands cœurs, des cœurs embrasés de l'amour de Dieu et du prochain. Notre Seigneur l'a dit : *Personne ne peut avoir un plus grand amour que de donner sa vie pour ses amis* (Ev. de saint JEAN, chap. XV, v. 13); et d'autre part, c'est un oracle émané de l'Esprit-Saint que *la perfection de la loi : c'est l'amour* (Saint PAUL aux Rom., chap. XIII, v. 10). Or, la vie du missionnaire, qu'est-elle autre chose qu'une vie donnée tout entière à Dieu et au prochain, qu'un sacrifice universel et perpétuel pour l'amour de Dieu et du prochain? Et qui, mieux que celui dont nous parlons, a mené cette vie de donation absolue, cette vie d'amour, lui qui, après avoir été simple missionnaire, fut ensuite choisi pour éducateur de missionnaires, puis pour chef de missionnaires; lui qui traversa successivement tous les degrés de la hiérarchie apostolique, qu'on vit monter par le seul ascendant do son mérite du sacerdoce à l'apostolat, de l'apostolat à la direction de l'apostolat, et de la direction de l'apostolat au gouvernement même de l'apostolat; qui, ayant em-

brassé pour profession ce qu'il y a de plus parfait dans
le ministère évangélique, en parcourut tous les échelons
et en atteignit la sommité aux suffrages unanimes de ses
chefs et, enfin, à la louange du chef même de l'Eglise?
Ne semble-t-il pas, celui-là, avoir mérité à la lettre ces
divins éloges consignés dans l'Ecriture : *Le sentier des
justes est comme une lumière brillante qui s'avance et qui
croît jusqu'au jour parfait de l'éternité* (Proverb., chap, IV,
v. 18). *Le divin législateur donnera sa bénédiction à tous
ceux qui désirent la suivre, et ainsi ils marcheront de vertu
en vertu, et enfin ils verront le Dieu des dieux dans la
céleste Sion* (Ps. 83, v. 8).

La vie de Mgr Godelle s'est écoulée en grande partie
dans une région lointaine ; c'est pourquoi nous n'en
connaissons que quelques traits principaux ; mais ceux-
là peuvent faire juger des autres. Tous confirment le
jugement qu'a porté de lui le vicaire apostolique du
Maïssour, que nous avons cité plus haut. L'humilité, vrai
cachet de la sainteté, était une des vertus favorites du
défunt. Il fallut lui faire violence pour lui imposer l'honneur et le fardeau de l'épiscopat. L'année dernière, le
gouverneur des Indes françaises voulut le proposer, nonobstant sa répugnance, pour la décoration de la Légion
d'honneur. Il fit tant auprès de ses correspondants de
Paris que, par leur intervention, il empêcha qu'il fût
donné suite à cette proposition.

La haute vertu de Mgr Godelle a été, du reste, attestée
par les directeurs de sa Congrégation, lesquels étaient
en relation suivie avec lui, par les prêtres qui ont eu
l'avantage de le fréquenter pendant son voyage d'Italie
et par ceux qui l'ont assisté dans ses derniers moments. Elle a été confirmée par le clergé de son diocèse

d'origine où il avait laissé les plus honorables souvenirs et par celui de son Vicariat apostolique des Indes (1). Enfin, elle a eu pour elle l'instinct même des masses. Il a suffi au public de voir le vénérable prélat sur sa couche funèbre, de contempler ses traits pleins de calme et de sérénité, de considérer ses restes décharnés et amaigris par ses travaux et ses fatigues bien plus que par sa courte maladie, qui n'aurait pas eu le temps de causer de tels ravages, pour le proclamer un homme de Dieu. C'est sans doute ce qui explique le concours qui a eu lieu autour de sa dépouille mortelle et qui s'est répété à ses funérailles, l'empressement qu'on a mis à reproduire sa photographie, dont deux éditions différentes ont paru à la fois, la distribution rapide qui s'en est faite dans notre ville, les articles élogieux et remarquables qui ont paru à son sujet dans nos journaux, et enfin ce rendez-vous quotidien des personnes pieuses qui s'est produit dès le commencement sur sa tombe. Un mois à peine s'était écoulé depuis qu'elle renfermait ses ossements et déjà elle était cou-

(1) Les prêtres du diocèse de Reims, réunis au mois de septembre dernier pour la retraite ecclésiastique, ayant appris qu'on se proposait d'ériger ici par souscription un tombeau à Mgr Godelle, se sont empressés de donner leur concours à cette œuvre et ont recueilli entre eux une somme de quatre cents francs, que Mgr l'archevêque de Reims a bien voulu mettre d'avance à la disposition de la commission qui sera chargée de l'exécution du projet.

La Congrégation des Missions-Etrangères, à laquelle appartenait le défunt, consultée sur la question de savoir si le corps de Mgr Godelle ne serait point redemandé, a répondu, qu'eu égard à ce qui avait été fait et à ce qu'on se proposait de faire dans notre ville pour honorer la mémoire du prélat, elle s'abstiendrait de toute démarche de ce genre, et qu'elle joindrait sa souscription à celle des habitants de Chambéry.

Le document ci-après, déjà publié par la *Semaine religieuse*

verte d'emblèmes, de fleurs et de couronnes, témoignages manifestes de croyance en son immortalité glorieuse, marques non équivoques de la confiance que l'on met en sa protection et de la reconnaissance que quelques-

de Savoie, rend témoignage des sentiments dont le clergé et les fidèles du vicariat apostolique de Pondichéry étaient pénétrés envers Mgr Godelle :

Lettre du Révérend Père Dupuis, Prov. Apost. de Pondichéry, à S. Em. le cardinal Billiet, archevêque de Chambéry.

Pondichéry, le 5 octobre 1867.

Eminence,

Je viens, au nom de tous les missionnaires du vicariat apostolique de Pondichéry, et en mon nom personnel, vous témoigner la profonde gratitude dont nous sommes pénétrés, au milieu de notre affliction, pour les soins charitables et les honneurs qui ont été prodigués à Mgr Godelle, notre bien-aimé vicaire apostolique, par Votre Eminence, le clergé et toute la population de Chambéry. Si quelque chose pouvait, après la ferme confiance où nous sommes que Dieu l'a déjà admis dans sa gloire, calmer la douleur que nous fait éprouver la perte de ce saint prélat, c'est assurément le spectacle de la charité avec laquelle on a adouci ses derniers moments, et de la religieuse vénération qui a entouré ses restes mortels, et dont sa tombe continue à être l'objet.

La réputation de sainteté que ses vertus lui avaient acquise depuis longtemps parmi nous, la vive affection que sa bonté inaltérable avait inspirée à tout le monde, ne nous ont pas permis de nous étonner de ces démonstrations ; mais nous en sommes d'autant plus reconnaissants qu'elles répondent davantage à nos propres sentiments, et aussi qu'elles sont venues de personnes qui n'avaient pas connu personnellement Monseigneur Godelle.

Veuillez être assez bon, Monseigneur, pour transmettre l'expression de notre reconnaissance à tous ceux qui ont pris soin de lui dans sa maladie : à MM. les médecins, à M. l'aumônier et aux bonnes sœurs de l'hôpital ; au vénérable chapitre de votre église métropolitaine, qui lui a administré les derniers sacrements, et a célébré ses obsèques avec une piété si édifiante ; aux RR PP. Capucins et aux élèves du Séminaire qui ont gardé son corps après la mort et l'ont porté au cimetière ; aux autorités civiles et militaires, à tout votre clergé et à tout votre peuple, uns lui ont vouée pour des grâces qu'il leur aurait déjà obtenues. Tous ces signes semblent d'un heureux présage. C'est ainsi que se fait ordinairement entendre la voix du peuple, que le proverbe donne comme un écho de la voix de Dieu, et qui a toujours été d'un grand poids dans l'Eglise. On sait que, durant plusieurs siècles, elle fut le principal organe de la canonisation des saints, sous la réserve toutefois de la ratification expresse ou tacite du Saint-Siége. Aujourd'hui encore, c'est elle qui ordinairement prend l'initiative des causes de ce genre et la vénération des fidèles a coutume de précéder de bien loin toutes les procédures.

Nous n'avons rien à préjuger sur la sainteté proprement dite du Pontife dont il s'agit ici. Cette grave matière dépend exclusivement de la connaissance du Pape. On dira seulement que si Mgr Godelle a été un Saint, il sera pour nous un protecteur, et un protecteur d'autant plus puissant que sa protection nous viendra du ciel. De même que les Saints se sont plu à accomplir parfaitement la volonté de Dieu tandis qu'ils étaient sur la terre, de même Dieu se plaît à combler leurs désirs lorsqu'ils lui sont réunis dans la gloire. C'est pourquoi la protection des Saints est souverainement efficace et dépasse en étendue celle de tous les autres hommes, même les plus puissants. Les Saints sont puissants de la puissance de

qui l'ont accompagné de leurs prières et de leur respect à sa dernière demeure ici-bas. Nous prions Dieu de répandre sur Votre Eminence et sur tout le diocèse de Chambéry ses plus abondantes bénédictions.

J'ai l'honneur d'être avec un profond respect,

De Votre Eminence,

Le très obéissant et très humble serviteur,

DUPUIS, *Prov. Ap.*

Dieu même. Dieu assurément est le protecteur par excellence, puisque tout dépend de lui seul. Cependant, l'expérience démontre que c'est plutôt par les Saints que par lui-même qu'il se plaît à nous exaucer dans nos besoins extraordinaires, que c'est par l'intercession des Saints qu'il nous accorde de préférence les grâces exceptionnelles et miraculeuses. Les saints ici-bas obtenaient souvent des miracles par le seul effet de leur union intime avec Dieu, à laquelle leur vie irréprochable n'apportait aucun obstacle. Mais, pour obtenir plus efficacement des faveurs semblables, le commun des hommes, à qui leurs infidélités opposent tant de fins de non-recevoir, est obligé de recourir à Dieu par la médiation de ses Saints. Pourquoi? Parce que ces supplications indirectes sont plus conformes à la dignité de Dieu et à notre propre indignité, parce qu'elles témoignent un plus grand respect pour Dieu et un plus grand mépris pour nous-mêmes, parce qu'elles suppléent à nos démérites par les mérites des Saints. Dieu se nomme *le Saint des saints. Soyez saints*, nous dit-il, *parce que je suis Saint* (LEVIT., chap. II, v. 44). Pour avoir accès auprès de lui il faut être revêtu de sainteté, et si nous en sommes dépourvus, il convient de couvrir notre nudité de la sainteté d'autrui. On ne saurait donc trop faire pour se concilier la protection des Saints.

Mais les Saints n'accordent leur protection qu'autant qu'on les honore et qu'on les invoque. Nous ne pouvons honorer ni invoquer Mgr Godelle comme un Saint tant que l'Eglise n'a rien prononcé à son sujet; mais nous pouvons l'honorer comme évêque et comme missionnaire, et il nous est permis de nous recommander à lui comme à un juste dont de graves témoignages nous attestent les éminentes vertus, et dont Dieu a voulu nous attribuer la dépouille.

Avant que l'Eglise eût autorisé le culte de saint Saturnin et de saint Concord, nos ancêtres les honorèrent comme ayant sanctifié notre pays par leur séjour et l'odeur de leurs bons exemples, et tous deux en témoignèrent leur reconnaissance par des bienfaits nombreux et signalés. Il est à remarquer, à l'égard de saint Concord, dont la mort offre une similitude si frappante avec celle de Mgr Godelle, que rien de son vivant n'annonçait son crédit auprès de Dieu. Du moins, au rapport de feu Mgr Dixon, son avant-dernier successeur sur le siége d'Armagh, les monuments historiques de cette église ne font pas mention de lui comme d'un thaumaturge. La sainteté de ce pontife n'aurait donc été révélée que par les faveurs publiques et particulières qu'on obtint dès son décès par son intercession. Dieu en a quelquefois usé de la sorte envers ses Saints, ne les glorifiant aux yeux des hommes qu'après leur mort et réservant pour leur tombeau la manifestation de leur gloire. Combien qu'il n'a mis en honneur parmi les peuples qu'après de longues années et même des siècles ! Nous en avons plusieurs exemples parmi ceux dont les ossements ont été extraits des catacombes de Rome. Sainte Philomène, devenue si célèbre de nos jours par les miracles de toute espèce qu'on lui attribue, peut être citée entre tous les autres.

Dans l'hypothèse que Mgr Godelle ait été un grand serviteur de Dieu, l'empressement que nous mettrons à l'honorer comme évêque et comme missionnaire ne manquera pas de nous le rendre favorable. Autant les Saints répugnent aux honneurs pendant leur vie, autant ils s'en montrent jaloux après leur mort, parce qu'alors le temps de l'éternelle justice est arrivé pour eux, et parce que le culte dont ils deviennent l'objet se rapporte à Dieu plutôt qu'à eux-mêmes.

Quelle grande grâce Dieu nous aurait accordée en nous donnant un Saint de plus dans la personne du prélat décédé parmi nous, et avec quelle progression merveilleuse de bienveillance il en aurait usé envers notre ville, en lui décernant cette nouvelle faveur ! Saint Saturnin n'avait séjourné que peu de temps dans ce pays, et c'était dans une retraite écartée des habitations, puis il était allé évangéliser et mourir dans une contrée éloignée de la nôtre. Il y eut donc à l'égard de notre chef-lieu progrès de libéralité divine dans l'envoi qui lui fut fait de saint Concord, qui non-seulement séjourna dans nos murs, mais qui de plus y mourut et y laissa ses os. Or, au temps de saint Concord, notre ville était bâtie sur les rochers de Lémenc, maintenant à peu près déserts, et aujourd'hui elle occupe le fond de la vallée. Aussi remarquons que le présent du nouveau Concord, si c'en est un, a été fait à la ville actuelle, que le vénérable Mgr Godelle est décédé au cœur même du nouveau Chambéry, que sa dépouille a parcouru nos quartiers les plus modernes et les plus populeux, qu'elle a reçu les honneurs funèbres au sein de notre église métropolitaine, enfin qu'elle a été déposée dans le lieu affecté à notre sépulture commune. Remarquons de plus que ces dispositions sont dues à des circonstances toutes fortuites, c'est-à-dire providentielles. Le vénérable prélat venait des Indes et retournait aux Indes ; si la mort l'a surpris dans notre ville, c'est que tel était le décret de Dieu ; s'il est décédé dans notre hospice, c'est qu'une maladie lui était survenue en voyage ; s'il a été inhumé dans notre cimetière, c'est que les démarches faites pour l'inhumer dans le caveau de nos évêques, quoique faites à temps, n'ont pas abouti à temps. En tout cela la divine Providence semble avoir eu à la fois en vue l'honneur de son serviteur et l'avantage de notre cité ; car tout cela a servi à mettre le défunt en plus grand relief et à nous faire contracter une union plus étroite avec lui. Malade ailleurs que dans notre hôpital, il nous eût inspiré moins d'intérêt; mort ailleurs que dans notre ville, il nous fût demeuré étranger ; enseveli sous les dalles de notre métropole, nous l'eussions peut-être perdu de vue, tandis que dans notre cimetière, toujours ouvert au public, sa tombe perpétuera parmi nous son souvenir.

Remarquons au surplus que si, généralement parlant, la place d'un évêque décédé semble devoir être ailleurs que dans le séjour public des morts, cette règle peut souffrir exception à l'égard d'un évêque missionnaire. Sous certains rapports, une tombe en plein air ne sied pas mal à un Pontife de cette espèce, parce qu'elle semble en harmonie avec la carrière qu'il a parcourue. Le missionnaire, en effet, vit plus au dehors qu'au dedans ; presque toujours en course, il n'a le plus souvent que les arbres pour abri et le ciel pour pavillon. Il n'est pas rare que la nuit le surprenne au milieu des forêts ou des déserts et qu'il doive prendre son repos sur l'herbe ou sur le sable. Donc pour lui, mieux encore que pour tout autre, le lit de la mort semble convenablement placé en plein champ et à découvert.

Nous avons donc plusieurs motifs pour décerner à la dépouille mortelle de Mgr Godelle l'hommage d'un tombeau dans le lieu même où elle a été déposée, et ces motifs sont si graves qu'ils semblent devoir nous détermi-

ner à user en cette occasion d'une certaine munificence.
La dignité épiscopale dont il était revêtu assigne de droit
à sa tombe le premier rang parmi nos tombes. Le cimetière est, comme le temple, un lieu religieux, puisqu'il est
comme lui consacré par les prières de l'Eglise. Or, surtout dans ces lieux-là, la préséance est due aux ministres
de la religion, et elle leur est due suivant le rang qu'ils
occupent dans la hiérarchie. Tout évêque est prince dans
l'Eglise; c'est pourquoi les saints canons exigent qu'il pré-
side aux grandes solennités religieuses du haut d'un trô-
ne, avec la couronne épiscopale sur la tête et le sceptre
pastoral à la main; c'est pourquoi ils prescrivent qu'on
fléchisse le genou devant lui, comme représentant sur
son siége Jésus-Christ lui-même, *le pasteur et l'évêque de
nos âmes*, suivant la parole inspirée du chef des Apôtres
(Ep. de saint Pierre, chap. ii, v. 25). Ces rites sacrés nous
enseignent la haute considération dont nous devons entourer les évêques, le profond respect dont nous sommes
tenus envers eux.

On était autrefois tellement pénétré de ces maximes,
que dans les monarchies chrétiennes les évêques étaient
traités, même au temporel, sur le pied des princes. Dans
les gouvernements ils faisaient ordinairement partie des
conseils suprèmes, et les charges les plus élevées étaient
souvent occupées par quelques-uns d'entre eux. Déjà.
sous les empereurs romains devenus chrétiens, la légis-
lation avait assimilé l'épiscopat aux plus hautes dignités
de l'Empire. Les consuls, les préfets du prétoire, les
grands-maîtres de la milice et les évêques étaient seuls
affranchis de droit de la puissance paternelle (*Corps
de droit romain*, Novelle 81, chap. i et iii). La loi éman-
cipait les grands dignitaires de l'Etat comme pères ci-

vils du peuple et les évêques comme ses pères spiri-
tuels. Les souverains catholiques des âges postérieurs,
afin de procurer aux premiers pasteurs de l'Eglise une
existence plus honorable et de leur concilier davantage
le respect des populations, avaient coutume d'inféoder
aux siéges épiscopaux des seigneuries territoriales avec
tous les priviléges qui en dépendaient. La Savoie a conservé la trace de quelques-unes de ces concessions. Les
titulaires des deux évêchés les plus anciens de notre
pays, portent encore aujourd'hui les titres des fiefs que
leurs prédécesseurs possédaient anciennement. Chacun
sait que les évêques de Maurienne et de Tarentaise sont
tous deux princes titulaires, le premier d'Aiguebelle, le
second de Conflans et de St-Sigismond.

Ces marques de haute considération avaient été bien
légitimement acquises par l'épiscopat. C'était à lui principalement que l'Europe était redevable des bienfaits de
la civilisation. C'était lui qui, en aidant de ses conseils
les chefs des nations, en faisant l'éducation de leurs enfants, en ouvrant les écoles, en fondant les universités,
en appelant les ordres religieux, avait pris la plus grande
part au développement moral et intellectuel des socié-
tés. Un célèbre historien anglais du dernier siècle, Gib-
bon, quoique protestant, n'hésite pas à reconnaître que
le royaume de France fut fait par les évêques; ce sont ses
expressions. Il aurait pu en dire autant de la plupart des
autres Etats chrétiens qui se formèrent après les inva-
sions des Barbares.

Ce que l'épiscopat fit alors, il le fait encore aujour-
d'hui, autant que ses faibles ressources le lui permettent,
au sein des peuples idolâtres. Qui est-ce qui porte à ces
peuples les lumières de l'Evangile, véritables sources de

la civilisation, qui est-ce qui leur fait connaître nos sciences, nos arts et même nos métiers, sinon les vicaires apostoliques, par le moyen de leurs missionnaires et de leurs congrégations religieuses, en établissant dans leurs vicariats des orphelinats, des écoles des deux sexes, des séminaires, des ateliers et des ouvroirs de diverses sortes, en y faisant mettre en pratique, sous les yeux des indigènes, nos méthodes perfectionnées d'agriculture et d'industrie? Ce n'est pas ici le lieu d'entrer dans des détails ; mais tout homme instruit et de bonne foi conviendra que parmi ceux qu'on nomme les bienfaiteurs de l'humanité, nuls, généralement parlant, ne méritèrent mieux ce titre que les membres du corps épiscopal, qui fut toujours l'élite et le guide du clergé. Qui donc est plus digne qu'eux des hommages publics ?

Les honneurs posthumes sont d'autant plus convenables à l'égard des princes de l'Eglise, qu'il n'en est pas des dignités sacrées comme de celles du monde, lesquelles passent avec ce monde. Le caractère épiscopal, comme le caractère sacerdotal dont il est le plus haut degré, est ineffaçable de sa nature. De même que le prêtre est prêtre pour l'éternité, de même le grand-prêtre, soit l'évêque, demeure tel pour toujours. La mort ne peut rien à ces choses; elles sont divines et par là même immortelles.

Or, il n'y a dans notre cimetière qu'un seul évêque ; il n'y en a jamais eu par le passé et il n'y en aura probablement jamais d'autre à l'avenir. Dans tous les pays catholiques, les princes de l'Eglise, comme les princes temporels, ont leurs tombes dans des lieux réservés; autrefois on observait la même règle à l'égard de tous les membres du clergé et des ordres monastiques ; on les ensevelissait, comme les évêques, exclusivement dans les églises ou dans les cloîtres, et c'était à juste titre, parce qu'en vertu de l'onction sacerdotale ou de la profession religieuse, leurs personnes sont consacrées à Dieu. Dans nos temps modernes, on a cru devoir supprimer cette prérogative en vue de la salubrité publique, mais on a continué à la respecter à l'égard des évêques ; ils ont droit encore aujourd'hui à être inhumés chacun dans leur cathédrale. Mgr Godelle était étranger, comme évêque, au diocèse de Chambéry et même à la France ; d'après la loi civile en vigueur, il ne pouvait participer ici au privilége de la sépulture épiscopale. Cependant, le gouvernement impérial, consulté à ce sujet, s'est montré disposé à la faire fléchir en cette circonstance, par égard pour la dignité du défunt ; mais la réponse ministérielle n'ayant pas été faite par le télégraphe comme la demande, est arrivée trop tard ; c'est ce qui a obligé d'observer pour lui la loi commune des inhumations (1).

Voilà à quelle combinaison d'incidents nous devons

(1) Les membres du clergé, en vertu des ordres sacrés dont ils sont revêtus, et ceux des communautés religieuses, par suite des vœux solennels qu'ils ont prononcés, se trouvent spécialement consacrés à Dieu. Comme tels, et quel que soit d'ailleurs le degré de leurs mérites individuels, ils forment une classe distincte parmi les personnes, de la même manière que les objets matériels destinés au culte divin, qu'on nomme pour cette raison *les choses saintes*, forment une classe distincte parmi les choses. C'est pourquoi il était d'usage, dans les pays catholiques, de ne pas confondre ces personnes, après leur mort, avec les autres fidèles, et de les ensevelir exclusivement dans les églises ou dans les cloîtres. Ce privilége se rapportait à Dieu même, et avait pour principe le respect dû à Sa Majesté infinie. Or, le motif sur lequel il était fondé subsiste toujours et n'a rien perdu de sa gravité, et puisque le privilége n'a été supprimé que

l'honneur de posséder un évêque dans notre cimetière. Vis-à-vis du prélat c'est, comme on l'a déjà fait observer, une sorte de dérogation à sa dignité. Mais il dépend de nous de la neutraliser, d'en contrebalancer l'effet et même de la convertir en hommage, en nous associant en grand nombre pour procurer au vénérable défunt, dans ce champ public des morts où il est descendu, une place à part, pour le sortir du pêle-mêle des simples prêtres, parmi lesquels il est provisoirement confondu, pour élever sur sa tombe un monument digne de lui, et pour l'entourer d'une grille d'honneur. Nous adopterons par là publiquement Mgr Godelle pour notre concitoyen, et nous honorerons à la fois son caractère épiscopal, son apostolat et ses vertus. Assurément, il ne recevra pas avec indifférence ce témoignage de notre vénération, et

pour cause de salubrité, il paraitrait convenable de le rétablir en tant qu'on peut le concilier avec les intérêts qu'on a voulu garantir. Le moyen de tout accorder est indiqué par le Rituel romain, qui recommande de séparer autant que possible, dans les cimetières, les tombes du clergé séculier et régulier de celles des laïcs, et d'affecter aux premières le lieu le plus décent, par exemple celui qui se trouve plus rapproché de la croix ou de l'église. Ainsi, un emplacement clos, prélevé sur le champ mortuaire, et qui serait divisé en trois compartiments de proportions suffisantes, dont un pour le clergé séculier, un second pour les religieux et un troisième pour les religieuses, satisferait à toutes les conditions. Une telle disposition ne serait pas seulement un hommage envers Dieu et un acte de déférence envers l'Eglise, mais aussi un juste témoignage de considération envers ces trois classes de personnes, si dignes d'égards à raison de la sainteté de leur état, des services de divers genres qu'elles rendent à la société, et du dévouement dont elles font preuve dans les calamités publiques. Le culte divin éclate d'autant plus qu'il se montre dans ses conséquences les plus éloignées, et Dieu, aux regards de qui rien n'échappe, s'honore souvent mieux de nos hommages indirects que de ceux qui semblent le toucher de plus près.

Dieu lui-même sera satisfait de cette marque de notre respect envers un de ses pontifes et de ses apôtres. La population de Chambéry donnera, de la sorte, un signe extérieur et durable de son esprit de foi, et ce signe sera d'un bon exemple pour nos neveux. En apercevant dans notre champ des morts le sépulcre épiscopal, et en y lisant cette épitaphe gravée sur le marbre :

CI-GÎT LA DÉPOUILLE

DE L'ILLUSTRISSIME ET RÉVÉRENDISSIME

JOSEPH-ISIDORE GODELLE, ÉVÊQUE DE THERMOPYLES,

VICAIRE APOSTOLIQUE DE PONDICHÉRY

AUX INDES ORIENTALES,

NÉ A HANNAPES, DIOCÈSE DE REIMS,

LE 7 MARS 1806,

DÉCÉDÉ A L'HÔTEL-DIEU DE CETTE VILLE

LE 15 JUILLET 1867,

DANS LA PRATIQUE DE L'HUMILITÉ ET DE LA PAUVRETÉ

ÉVANGÉLIQUES.

—

LES HABITANTS DE CHAMBÉRY

VOULANT HONORER SA DIGNITÉ ÉPISCOPALE,

SON APOSTOLAT DANS LES MISSIONS ÉTRANGÈRES

ET SES HAUTES VERTUS,

LUI ONT ÉRIGÉ CE TOMBEAU

ils ne pourront douter de notre attachement à l'Eglise, et ils se sentiront excités à y persévérer et à en donner comme nous, dans l'occasion, des preuves réelles et manifestes.

De plus, en honorant ainsi la mémoire d'un évêque missionnaire, nous aurons la satisfaction d'honorer en sa personne l'apostolat catholique, de témoigner publiquement que les missions dites *étrangères* ne sont point étrangères pour nous, que nous avons vivement à cœur et en grande considération ce haut et généreux ministère qui a pour objet de réaliser le vœu le plus ardent de Jésus-Christ, d'accomplir à la lettre les dernières paroles, les suprêmes recommandations qu'il adressa à ses apôtres en quittant la terre pour remonter au ciel : *Allez, enseignez toutes les nations, et baptisez-les au nom du Père, et du Fils, et du Saint-Esprit* (Derniers versets de l'Evangile selon saint MATHIEU).

A ce point de vue, la démonstration projetée semble spécialement digne du chef-lieu de la Savoie (1), de ce pays qui s'est empressé de participer, dès les commencements, aux associations de la Propagation de la Foi et de la Sainte-Enfance, et qui leur est resté constamment fidèle, dont l'esprit catholique et apostolique ne s'est pas seulement manifesté par cette persévérante coopération de prières et d'aumônes à l'œuvre de la conversion des idolâtres, mais aussi par la part directe qu'y ont prise plusieurs de ses nationaux.

La Savoie, en effet, n'a pas cessé d'enrôler quelques-uns de ses enfants à ce noble et courageux service de l'Eglise, et l'on peut dire qu'elle a été représentée dans l'apostolat sur la plupart des points qu'il occupe. Pour ne citer qu'un petit nombre de nos compatriotes missionnaires de ces derniers temps, on rappellera ici les noms vénérables de l'abbé Jacquard, qui évangélisa plusieurs années le Tong-King et la Cochinchine, qui y endura la captivité et la torture de la cangue durant trois

---

(1) Chambéry n'est plus, à la vérité, le chef-lieu administratif de la Savoie, divisée maintenant en deux départements ; mais il continue à être son chef-lieu ecclésiastique et judiciaire comme siége du Métropolitain et de la Cour impériale ou d'appel.

ans consécutifs, et qui y termina ses jours par le supplice de la strangulation; de l'abbé Voisin, qui, après avoir été missionnaire de la Société des Missions-Etrangères en Chine, fut appelé à Paris pour y prendre la conduite des affaires générales de cette Mission en qualité de directeur au séminaire de sa congrégation, poste qu'il occupe encore actuellement; du R. P. Gotteland, qui fut supérieur des Missions de la Compagnie de Jésus en Chine, où il acheva par une mort précoce une vie pleine de travaux (1); de l'abbé Maistre, qui, après dix ans de voyages incessants et de périlleuses tentatives pour s'introduire dans la presqu'île de Corée, aux extrêmes confins de l'Asie continentale, parvint enfin à y pénétrer et à y exercer l'apostolat, dans l'exercice duquel il termina sa vie le 20 décembre 1857; de l'abbé Paget, qui, envoyé dans l'Océanie, y fut massacré et dévoré par les antropophages d'une des îles confiées à ses soins; de Mgr Truffet, vicaire apostolique de la Guinée en Afrique, où il mourut au bout de peu de temps, rapidement consumé par le climat et par son zèle; de Mgr Miége, jésuite, qui, quoique d'un âge peu avancé, compte déjà plusieurs années d'épiscopat aux Montagnes-Rocheuses, dans l'Amérique septentrionale.

En ce moment même nos deux départements desservent à eux seuls quatre missions étrangères situées dans les quatre parties du monde. Depuis quelques années, la Propagande de Rome en a confié deux à la province des Capucins de Savoie, savoir : la préfecture apostolique des îles Seychelles en Afrique et la direction du Grand-Sémi-

<hr>

(1) Le P. Gotteland était natif de Bassens, près Chambéry, et fit son cours d'études au Petit-Séminaire de Saint-Louis-du-Mont, de 1815 à 1822.

naire de Saint-Paul au Brésil, sur le continent américain, et deux autres à la Congrégation des Missionnaires de Saint-François de Sales d'Annecy, celle du vicariat apostolique de Visigapatam aux Indes orientales et une en Angleterre. Ne peut-on pas aussi, à raison de l'influence qu'exerce en faveur de notre sainte religion l'éducation chrétienne du sexe, considérer comme des Missions préparatoires les établissements scolaires, les pensionnats, orphelinats, hospices et asiles, que nos religieuses de Saint-Joseph de Chambéry sont allées ouvrir, depuis une dizaine d'années, dans quatre autres pays protestants du nord de l'Europe : à Copenhague, capitale du Danemark ; à Fredericia, capitale du Jütland ; à Stockholm, capitale de la Suède, et à Christiania, capitale de la Norwége ? Ces mêmes sœurs possèdent en outre une maison importante à Ytu, dans les montagnes du Brésil. De leur côté les sœurs de Saint-Joseph, d'Annecy et de Saint-Jean de Maurienne, ont formé quatre résidences dans les Indes, savoir : à Yanaon, à Visigapatam, à Kamptée et à Sourahoa (1).

(1) Les congrégations religieuses de Savoie comptent en ce moment plus de cent membres de leurs communautés dans les diverses missions d'Asie, d'Afrique, d'Amérique et d'Europe désignées ci-dessus et alimentent continuellement ce nombreux personnel en pourvoyant aux vides qui s'y font par de nouveaux envois de sujets savoisiens. Leurs établissements du nord de l'Europe ne reçoivent aucune subvention des gouvernements ; ils subsistent uniquement par voie d'offrandes, de souscriptions et de loteries. La population luthérienne, à qui nos sœurs font connaître le catholicisme par ses bienfaits, en attendant que des missionnaires puissent lui en manifester la vérité, leur porte un vif intérêt et témoigne une préférence marquée pour leurs écoles. Les ministres du culte protestant eux-mêmes, touchés de leur dévouement pour la jeunesse et pour les classes pauvres et souffrantes, sont souvent les premiers à leur procurer des ressources.

La Mission de Visigapatam, dévolue à la Société des Missionnaires d'Annecy, a déjà fourni deux vicaires apostoliques savoisiens, Mgr Neyret, mort il y a peu d'années, et son successeur actuel, Mgr Tissot. Nous comptons donc en ce moment trois évêques de notre pays dans les Missions étrangères, NN. SS. Miége, Tissot et Dépommier. Deux d'entre eux ont leurs vicariats apostoliques aux Indes orientales et ont été ainsi les collègues de Mgr Godelle. Séparés de la terre natale par des milliers de lieues, ces vénérés prélats et tous nos compatriotes missionnaires dispersés au loin n'apprendront pas sans un sentiment de consolation les marques d'honneur et de religieuse sympathie qu'aura données à un compagnon de leurs travaux la capitale de la Savoie.

D'autres considérations plus graves semblent devoir déterminer notre concours à la souscription proposée. Notre Seigneur parlant à ses disciples et à ses apôtres leur disait : *Celui qui vous reçoit me reçoit, et celui qui me reçoit reçoit Celui qui m'a envoyé. Celui qui reçoit un prophète en sa qualité de prophète recevra la récompeuse du prophète, et celui qui reçoit un juste en sa qualité de juste recevra la récompense du juste* (Ev. dé S. Mathieu, chap. x, v. 41). Nous avons été appelés à recevoir en la personne d'un saint évêque missionnaire un disciple et un apôtre de Jésus-Christ, et on peut dire un de ses prophètes et de ses justes, et nous l'avons reçu en ces qualités par la vénération que nous lui avons témoignée et par les funérailles que nous lui avons faites. Cependant, on ne peut s'empêcher de reconnaître qu'il manque encore quelque chose à notre réception ; que pour être entièrement conforme aux bienséances chrétiennes et à nos usages, elle a besoin d'un complément, celui d'un tombeau assorti à la dignité du défunt. Cette dernière démonstration de respect est d'autant plus importante qu'elle est **la seule** durable; les autres sont passagères; celle-là demeure toujours et conserve le souvenir du mort à travers les générations.

Partout où l'on observe religieusement le culte des morts, l'érection du tombeau a été considérée comme le sceau des grands honneurs funèbres. Plusieurs anciennes cathédrales montrent encore aujourd'hui ceux qu'on élevait, il y a des siècles, à la mémoire des princes de l'Eglise et des princes temporels. Mais si ce suprême honneur offre par dessus tous les autres le grand avantage de faire pour ainsi dire survivre le mort, il est aussi le plus dispendieux de tous.

Afin de nous encourager à ne pas reculer devant cet obstacle, considérons que la charité ne s'exerce pas seulement envers les vivants, mais aussi envers les morts. L'Ecriture loue spécialement Tobie des soins qu'il mettait à ensevelir les morts et, au témoignage de l'archange Raphaël, c'est à l'accomplissement de cette œuvre pie que le saint patriarche fut principalement redevable des bénédictions dont le Ciel le combla à la fin de ses jours: *Lorsque tu priais avec larmes et que tu ensevelissais les morts et que tu laissais ton repas pour les cacher durant le jour et pour les ensevelir durant la nuit, j'offrais tes prières au Seigneur.... Et maintenant le Seigneur m'a envoyé vers toi pour te guérir et pour délivrer du démon Sara, l'épouse de ton fils; car je suis l'ange Raphaël, un des sept qui nous tenons toujours devant le Seigneur* (Tob. chap. xii, v. 12).

Ce qui s'est passé tout récemment à Albano et sur d'autres points atteints du choléra, notamment dans quelques paroisses de notre voisinage, nous a montré d'admirables imitateurs de Tobie dans le cardinal Altieri, dans les gendarmes et les zouaves pontificaux, et dans plusieurs membres du clergé et des communautés religieuses, qui, tout en se dévouant pour les malades, ont poussé le respect pour les morts jusqu'au mépris de leur propre vie (1)

Pour rendre plus recommandable cette œuvre de miséricorde, Notre Seigneur Jésus-Christ a voulu en être lui-même l'objet. Le Nouveau Testament rapporte qu'après sa mort deux juifs de qualité qui jusque-là avaient été ses disciples secrets par la crainte qu'ils avaient de ses en-

(1) Le dévouement des troupes pontificales à ensevelir les morts a mérité d'être signalé par le Souverain-Pontife lui-même dans son allocution consistoriale du 20 septembre dernier. Voici en quels termes le Pape s'est exprimé à ce sujet en présence des cardinaux : « On ne saurait trop louer nos troupes en garnison « dans cette ville (d'Albano), aussi bien les gendarmes chargés « de maintenir la sécurité publique que les zouaves ; en effet, on « les a vus, bravant le péril de la vie, *donner un éclatant exem-* « *ple de charité chrétienne, surtout par leur dévouement à* « *ensevelir les morts.* »

On ne peut s'empêcher de rendre ici hommage au dévoûment avec lequel nos religieux Capucins, nos Frères de la Doctrine chrétienne, nos Sœurs de Saint-Joseph et nos Sœurs de charité ont soigné les cholériques de Chambéry et des environs lors de la dernière invasion de la maladie. Les premiers se sont portés partout où l'on a réclamé leur concours, dans les campagnes comme à la ville. Dans la paroisse des Déserts, une des premières atteintes, ils ont dû s'occuper des morts autant que des malades, et remplir auprès des cadavres les fonctions les plus pénibles et les plus dangereuses. L'un d'eux était déjà parti un mois auparavant pour la vallée d'Aoste au moment où le fléau y sévissait avec le plus d'intensité, et y avait été victime de la maladie, après s'être employé jour et nuit auprès des moribonds. Parmi nos Sœurs de charité de l'Hôtel-Dieu qui s'occupaient aussi des cholériques, deux ont également succombé à l'épidémie.

nemis, se déclarèrent dès lors ouvertement ses partisans, que l'un des deux, Joseph d'Arimathie, se rendit chez Pilate et lui demanda hardiment le corps de Jésus, et que l'ayant obtenu, il lui destina un sépulcre neuf qu'il avait fait tailler dans le roc ; que l'autre, Nicodème, acheta cent livres d'aromates, et que, s'étant rendus ensemble au Calvaire, eux-mêmes, de leurs nobles mains, détachèrent du gibet le cadavre sanglant du Sauveur, eux-mêmes l'embaumèrent, le revêtirent de suaires et lui donnèrent ainsi, autant que le permettaient des circonstances critiques et difficiles, la sépulture la plus honorable. Les livres saints ajoutent que, le lendemain du Sabbat, Marie Magdeleine, Marie mère de Jacques et Marie Salomé qui avaient déjà pris part à ces honneurs funèbres, ayant acheté de nouveaux parfums, se rendirent au tombeau à l'aube du jour, pour oindre une seconde fois le corps sacré, et que Jésus-Christ, déjà ressuscité, les favorisa, à cette occasion, de ses premières apparitions. Afin de marquer la valeur de ces actes et de les immortaliser à jamais, l'Esprit de Dieu a pris soin de les faire consigner dans les Evangiles, ainsi que les noms de leurs auteurs.

De tout cela n'est-il pas permis de conclure que l'œuvre proposée serait éminemment chrétienne et méritoire de sa nature, qu'en érigeant un tombeau au saint évêque missionnaire que Dieu a envoyé nous demander cette funèbre hospitalité, ce sera à Jésus-Christ même que nous l'aurons érigé ; que par cet acte enfin nous nous serons rendus les imitateurs de ces premiers disciples chrétiens que l'Evangile a signalés à la vénération de tous les siècles ?

Nous n'avons donc point à faire dépendre cette bonne œuvre des manifestations plus ou moins nombreuses, plus ou moins éclatantes de-la sainteté du défunt, comme quelques-uns pourraient le croire ; nous n'avons point à attendre plus longtemps de lui rendre ce dernier hommage. Il suffit que Mgr Godelle ait été un évêque et un évêque pauvre pour que l'honneur stable et permanent que nous lui décernerons soit censé décerné à Jésus-Christ même; pour qu'il soit pleinement agréé de lui et nous obtienne de plus en plus sa divine protection. *Ce que vous aurez fait au moindre de mes frères que voici,* disait-il en montrant ses apôtres et ses disciples, *sachez que vous l'aurez fait à moi-même* (Ev. de saint MATH. ch. XXV, v. 40.) Rien de plus précis que ces paroles, et d'un autre côté, rien de plus convenable que l'entreprise proposée dans la circonstance actuelle. L'empressement qu'on mettra à l'exécuter ne fera que la rendre plus précieuse devant Dieu qui, pas mieux que les hommes, ne goûte les hommages tardifs.

Il est important de mettre aussitôt à profit les occasions qui se présentent de faire le bien. Le mal ne cherche que trop à nous envahir. Efforçons-nous d'opposer les bonnes œuvres aux œuvres mauvaises. Les bonnes œuvres attirent la grâce et la grâce, qui n'est autre chose que le bras protecteur de Dieu, refoule le mal ou le frappe d'impuissance. Si les bonnes œuvres privées attirent les grâces privées, les bonnes œuvres publiques attirent les grâces publiques. Autant de motifs pour que les gens de bien s'associent fréquemment entre eux afin d'accomplir toute justice.

L'érection d'un tombeau à Mgr Godelle est venue à la pensée de divers habitants de notre ville dès le jour de la sépulture du prélat, et elle a reçu dès les jours suivants un commencement d'exécution. Quelques personnes ont aussitôt déposé à la cure de la Métropole des offrandes dans ce but. Le clergé du diocèse de Reims n'a pas tardé à s'associer à cette généreuse initiative. Puisse-t-elle maintenant être suivie par le plus grand nombre de nos concitoyens de toutes les classes ! Plus la souscription réunira de suffrages, plus elle sera honorable et pour le défunt et pour notre ville. Plus elle sera abondante, plus le résultat en sera satisfaisant, sous le rapport du décor qu'il convient de donner au monument funèbre.

Lorsqu'il y aura lieu de croire la souscription terminée, l'autorité ecclésiastique chargera une commission d'acheter l'emplacement au cimetière pour la nouvelle tombe, et de la faire ériger. On aime à croire que, si cela dépend de notre administration municipale, elle viendra volontiers en aide à l'acquisition de la place réservée, s'associant ainsi elle-même à la souscription et décernant son propre témoignage de vénération, et comme des lettres posthumes de bourgeoisie à l'illustre pontife à qui la mort a donné son dernier domicile dans nos murs.

Les personnes qui recevront un exemplaire de cet écrit sont priées de le faire circuler en ville parmi leurs connaissances, et celles qui désireront souscrire voudront bien désigner dans le registre de souscription, avec le montant de la somme offerte, leurs noms, prénoms et qualités, afin qu'il en reste trace pour l'avenir. On recevra toutefois ce qui sera offert par ceux qui tiendraient à garder l'anonyme.

Les communautés et corporations religieuses sont priées de s'unir en cette circonstance aux particuliers.

Afin de mettre le monument à ériger en parfaite harmonie avec sa destination et de le rendre digne de notre ville, il serait à désirer qu'il pût être surmonté de la représentation, en sculpture, du prélat couché sur son sépulcre et revêtu des ornements pontificaux, tel que nous l'avons vu exposé sur son lit de mort. C'est ainsi qu'on construisait les tombeaux des princes de l'Eglise à cette époque du moyen-âge où l'on avait un sentiment si profond des convenances chrétiennes. La photographie ayant reproduit les traits de Mgr Godelle, il serait facile à l'artiste de fixer sur le marbre la ressemblance exacte du saint évêque. C'est pourquoi on engage un chacun à souscrire et à procurer des souscriptions, et l'on prie les souscripteurs de faire un effort en cette circonstance et de proportionner, suivant leurs ressources, le montant de leurs offrandes à la dépense qu'occasionnerait le projet proposé.

Les souscriptions seront reçues tous les jours, dès le matin jusqu'à midi, par MM. les curé et vicaires de la paroisse de la Métropole.

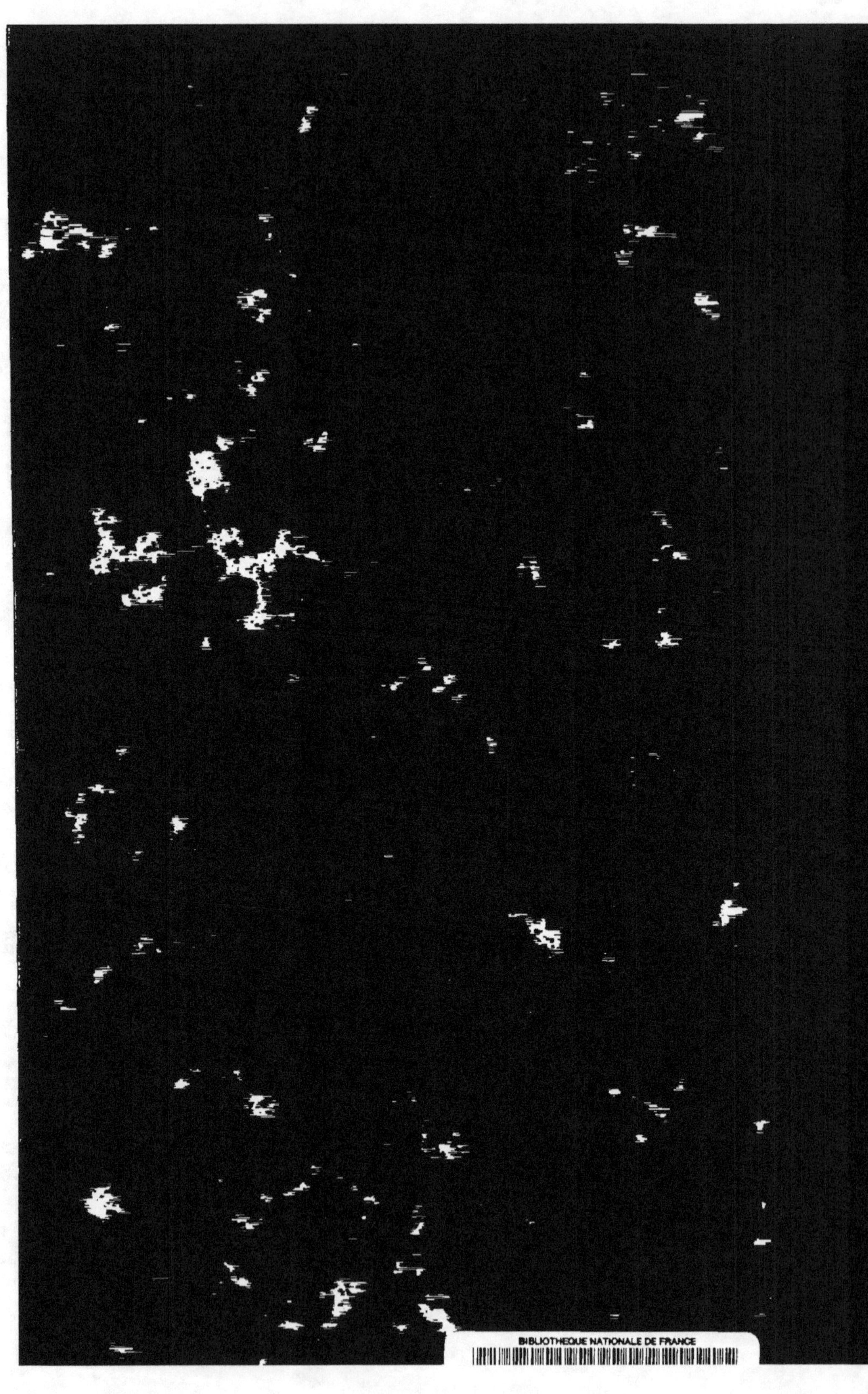